O guia definitivo de arquétipos de marca para estratégias de negócios

Copyright © 2024 Reginaldo Osnildo
Todos os direitos reservados.

APRESENTAÇÃO

INTRODUÇÃO AOS ARQUÉTIPOS DE MARCA

A PSICOLOGIA POR TRÁS DOS ARQUÉTIPOS

IDENTIFICANDO O ARQUÉTIPO DA SUA MARCA

OS 12 ARQUÉTIPOS PRINCIPAIS

ARQUÉTIPO E IDENTIDADE DE MARCA

ARQUÉTIPO E COMUNICAÇÃO DE MARCA

DESENVOLVENDO UMA VOZ DE MARCA CONSISTENTE

ARQUÉTIPO E EXPERIÊNCIA DO CLIENTE

USANDO ARQUÉTIPOS PARA DIFERENCIAÇÃO DE MERCADO

ARQUÉTIPO E NARRATIVA DE MARCA

MEDINDO A EFICÁCIA DO ARQUÉTIPO DE MARCA

ADAPTAÇÃO DO ARQUÉTIPO AO LONGO DO TEMPO

ARQUÉTIPOS EM DIFERENTES CULTURAS

EVITANDO ARMADILHAS COMUNS COM ARQUÉTIPOS

CASOS DE ESTUDO DE ARQUÉTIPOS DE MARCA BEM-SUCEDIDOS

ARQUÉTIPOS E MARKETING DIGITAL

ARQUÉTIPO E DECISÕES ESTRATÉGICAS

DESENVOLVENDO CAMPANHAS DE MARKETING BASEADAS EM ARQUÉTIPO

ARQUÉTIPOS E TENDÊNCIAS DE CONSUMO

INTEGRAÇÃO DE ARQUÉTIPOS COM A ESTRATÉGIA DE PRODUTO

FEEDBACK DO CLIENTE E ARQUÉTIPOS

FORMAÇÃO DE EQUIPE E ARQUÉTIPOS

ARQUÉTIPOS EM PUBLICIDADE

WORKSHOPS E TREINAMENTOS SOBRE ARQUÉTIPOS

IMPLEMENTANDO UMA ESTRATÉGIA DE ARQUÉTIPO VENCEDORA

CHECKLIST PARA AVALIAÇÃO DE ARQUÉTIPOS EM NEGÓCIOS EXISTENTES

PLANO DE AÇÃO DE 60 DIAS PARA IMPLEMENTAÇÃO DE ARQUÉTIPOS EM NOVOS NEGÓCIOS

REGINALDO OSNILDO

APRESENTAÇÃO

Seja bem-vindo ao universo dos arquétipos de marca, onde a antiga sabedoria encontra a moderna estratégia de negócios. Você está prestes a embarcar em uma jornada transformadora com o livro **"O guia definitivo de arquétipos de marca para estratégias de negócios"**. Este livro não é apenas um manual, é um portal para entender profundamente como conectar sua marca de maneira autêntica e poderosa com seu público.

Você, como empreendedor ou profissional de marketing, sabe que a construção de uma marca forte não acontece por acaso. É o resultado de decisões estratégicas e comunicação precisa. Os arquétipos de marca oferecem um caminho para alcançar essa precisão, criando uma identidade que ressoa verdadeiramente com as necessidades e desejos dos consumidores.

Este livro foi criado para ser o recurso mais completo no mercado sobre o uso estratégico de arquétipos em branding. Nele, você encontrará desde a teoria fundamental até aplicações práticas que transformarão sua abordagem de negócios. Ao aplicar os insights aqui apresentados, você poderá alinhar sua mensagem de marca, diferenciar-se no mercado e criar conexões duradouras com seu público.

Ao longo dos capítulos, você será guiado por uma exploração detalhada de cada arquétipo, aprenderá como identificar o arquétipo que melhor representa sua marca e como integrar essa compreensão em todos os aspectos da sua estratégia de negócios. Cada capítulo foi desenhado para ser completo em si mesmo, proporcionando não apenas conhecimento, mas também ações práticas e reflexões que garantirão que você esteja sempre um passo à frente.

Prepare-se para transformar a identidade e comunicação da sua marca com o poder dos arquétipos. Ao final desta leitura, você não apenas entenderá os arquétipos, mas saberá como usá-los para falar diretamente ao coração do seu público, garantindo uma marca que não apenas é lembrada, mas verdadeiramente sentida.

No próximo capítulo, **"INTRODUÇÃO AOS ARQUÉTIPOS DE MARCA"**, você começará a desvendar o conceito dos arquétipos, explorando sua origem e relevância. Esta base teórica é essencial para que você possa mergulhar com confiança nos capítulos subsequentes, onde cada arquétipo será explorado em detalhes. Não perca a oportunidade de dominar essa ferramenta poderosa – continue a leitura e veja como os arquétipos podem revolucionar sua estratégia de marca.

Atenciosamente

Prof. Dr. Reginaldo Osnildo

INTRODUÇÃO AOS ARQUÉTIPOS DE MARCA

Ao iniciar sua jornada pelo mundo dos arquétipos de marca, você está se preparando para desvendar uma das ferramentas mais poderosas no arsenal do branding moderno. Este capítulo oferece um panorama sobre o que são arquétipos, por que eles são relevantes para a construção de uma marca forte e como eles podem ser o diferencial na sua comunicação.

O QUE SÃO ARQUÉTIPOS?

Arquétipos são, essencialmente, personagens universais que residem no inconsciente coletivo. Eles representam padrões fundamentais de comportamentos e narrativas que são instantaneamente reconhecíveis e compreensíveis em culturas e gerações. Carl Jung, o renomado psicólogo suíço, introduziu a ideia de que arquétipos formam a base do inconsciente coletivo, fazendo deles elementos comuns a todas as histórias e mitologias humanas.

No contexto de marca, arquétipos são utilizados para personificar a marca de uma forma que ressoe com emoções e experiências humanas fundamentais. Quando uma marca adota um arquétipo, ela não está apenas escolhendo um personagem para sua narrativa; está se alinhando a um conjunto de valores, comportamentos e expectativas que já existem na mente de seu público.

POR QUE ARQUÉTIPOS SÃO IMPORTANTES PARA MARCAS?

Você pode se perguntar por que deveria considerar os arquétipos em sua estratégia de marca. A resposta é simples: arquétipos criam uma conexão emocional profunda. Eles são ferramentas poderosas para humanizar sua marca, tornando-a mais relacionável e confiável. Ao escolher um arquétipo adequado, sua marca pode:

- **Estabelecer uma identidade clara:** Arquétipos ajudam a definir quem sua marca é no nível mais fundamental. Isso não apenas simplifica a comunicação, mas também ajuda os consumidores a entenderem rapidamente o que sua marca representa.

- Diferenciar-se da concorrência: Em um mercado saturado, arquétipos oferecem uma maneira clara de se destacar, mostrando o que torna sua marca única.

- Construir consistência: Quando todas as suas comunicações e interações estão alinhadas com um arquétipo específico, sua marca se torna mais consistente. Isso reforça a identidade da marca e aumenta a lealdade do consumidor.

- Gerar maior engajamento: Arquétipos falam diretamente aos desejos e medos fundamentais das pessoas, o que pode tornar seu marketing mais impactante e memorável.

COMO OS ARQUÉTIPOS SÃO USADOS EM ESTRATÉGIAS DE MARCA?

Implementar arquétipos em sua estratégia de marca não é apenas sobre escolher um personagem ou uma persona que você gosta. É uma decisão estratégica que deve refletir os valores fundamentais da sua empresa, as expectativas do seu público-alvo e os objetivos a longo prazo da sua marca. Ao longo deste livro, você aprenderá como identificar o arquétipo que melhor se alinha com sua marca e como aplicá-lo de maneira eficaz em todas as facetas da sua comunicação.

À medida que avançamos, o próximo capítulo, "**A PSICOLOGIA POR TRÁS DOS ARQUÉTIPOS,**" irá mergulhar nas bases psicológicas que tornam os arquétipos tão influentes. Você entenderá como esses arquétipos não apenas refletem tipos de personalidade, mas também como eles podem influenciar o comportamento do consumidor em um nível profundo. Este entendimento é crucial para aplicar os arquétipos de maneira que realmente ressoe com seu público. Continue a leitura e prepare-se para explorar a ciência por trás do poder dos arquétipos.

A PSICOLOGIA POR TRÁS DOS ARQUÉTIPOS

Agora que você entende o que são os arquétipos e por que eles são fundamentais na construção de uma marca forte, é hora de explorar a psicologia que os sustenta. Este capítulo mergulha nas raízes psicológicas dos arquétipos, explicando como eles influenciam o comportamento do consumidor e por que são uma ferramenta tão poderosa na comunicação de marca.

FUNDAMENTOS PSICOLÓGICOS DOS ARQUÉTIPOS

Os arquétipos têm suas raízes no conceito de inconsciente coletivo de Carl Jung, que propôs que existe um conjunto de memórias e ideias compartilhadas por todas as culturas humanas. Essas ideias, ou arquétipos, são manifestações de experiências humanas universais. No marketing, ao invocar esses arquétipos, as marcas podem tocar em emoções profundas e ressonantes.

A psicologia dos arquétipos mostra que as pessoas tendem a atribuir características humanas a objetos e entidades, incluindo marcas. Este processo, conhecido como antropomorfização, ajuda os consumidores a entenderem melhor e se conectarem emocionalmente com marcas, o que é essencial para construir relacionamentos duradouros e lealdade.

ARQUÉTIPOS E O COMPORTAMENTO DO CONSUMIDOR

Entender como os arquétipos influenciam o comportamento do consumidor é crucial para aplicá-los eficazmente em sua estratégia de marca. Cada arquétipo evoca conjuntos específicos de valores e qualidades que ressoam com diferentes públicos. Por exemplo:

- **O Herói:** inspira admiração e aspiração; é atraente para consumidores que valorizam a coragem, a perseverança e a conquista.

- **O Cuidador:** evoca empatia e proteção; apela para aqueles que valorizam a nutrição, o cuidado e a generosidade.

- **O Explorador:** incentiva a descoberta e a aventura; atrai consumidores que buscam liberdade e novas experiências.

Ao escolher um arquétipo que alinha com os valores fundamentais de sua marca e as expectativas de seu público-alvo, você pode criar mensagens que não apenas captam a atenção, mas também estimulam a ação e fidelidade.

APLICANDO PSICOLOGIA ARQUETÍPICA NA PRÁTICA

A aplicação da psicologia arquetípica em sua estratégia de marca não deve ser aleatória. Requer um entendimento profundo tanto do arquétipo quanto do seu público-alvo. Aqui estão algumas práticas recomendadas para integrar arquétipos em sua estratégia de marca:

- **Análise do público-alvo:** Entenda quem são seus consumidores e o que eles valorizam. Isso ajudará a determinar qual arquétipo sua marca deve personificar.

- **Consistência na comunicação:** Todas as suas mensagens de marca devem ser filtradas através do arquétipo escolhido. Isso garante que cada ponto de contato com o cliente reforce a identidade arquetípica da marca.

- **Histórias que ressoam:** Use histórias que exemplifiquem os traços do arquétipo de sua marca para criar uma narrativa envolvente e memorável.

- **Feedback e adaptação:** Monitore como seu público responde ao arquétipo escolhido e esteja pronto para ajustar sua abordagem se necessário.

Ao dominar a psicologia dos arquétipos, você estará bem equipado para usar essas poderosas ferramentas psicológicas para fortalecer sua marca e aprofundar a conexão com seus clientes.

No próximo capítulo, "**IDENTIFICANDO O ARQUÉTIPO DA SUA MARCA**", você aprenderá como identificar qual arquétipo melhor se alinha com a missão, visão e valores de sua empresa. Este é um passo essencial para garantir que sua estratégia de marca seja autêntica e eficaz. Prepare-se para explorar métodos práticos e insights que o ajudarão a revelar o verdadeiro arquétipo de sua marca.

IDENTIFICANDO O ARQUÉTIPO DA SUA MARCA

Depois de explorar a importância dos arquétipos e como eles afetam a psicologia do consumidor, o próximo passo é identificar qual arquétipo melhor se alinha com a essência da sua marca. Este capítulo oferece um guia passo a passo para ajudá-lo a descobrir o arquétipo que encapsula os valores, a missão e a visão da sua empresa, garantindo que a identidade da sua marca seja tanto autêntica quanto impactante.

PASSO 1: COMPREENDENDO OS VALORES DA SUA MARCA

Antes de escolher um arquétipo, é crucial ter uma compreensão clara dos valores fundamentais da sua marca. Pergunte a si mesmo:

- Quais são os princípios orientadores da minha empresa?

- O que minha marca representa?

- Quais promessas minha marca faz aos seus clientes?

Essas perguntas ajudarão a delinear o caráter moral e ético da sua marca, que são essenciais para escolher o arquétipo correto.

PASSO 2: ANALISANDO A MISSÃO E VISÃO

A missão e visão da sua empresa também são componentes críticos para identificar seu arquétipo. Elas definem o propósito e as aspirações da sua marca, respectivamente, e devem estar em harmonia com o arquétipo escolhido. Se a missão da sua marca é inspirar e empoderar, arquétipos como o Herói ou o Mago podem ser adequados.

PASSO 3: AVALIANDO A PERSONALIDADE DA MARCA

Considere a personalidade da sua marca como se ela fosse uma pessoa. Que tipo de traços de personalidade ela exibe? A marca é mais séria ou divertida? Conservadora ou inovadora? A resposta a essas perguntas pode ajudar a identificar qual arquétipo melhor se alinha com a forma como sua marca se apresenta ao mundo.

PASSO 4: ALINHANDO COM OS OBJETIVOS DE MARKETING

Seus objetivos de marketing também devem influenciar a escolha do arquétipo. Por exemplo, se o objetivo é construir confiança e segurança em um novo mercado, o Cuidador pode ser o arquétipo ideal. Se é para destacar a inovação e a criatividade, o Criador ou o Mago podem ser mais apropriados.

PASSO 5: UTILIZANDO FERRAMENTAS E RECURSOS

Existem várias ferramentas e recursos que podem auxiliar neste processo, incluindo:

- **Workshops de branding:** Sessões colaborativas que ajudam a equipe a explorar e definir os aspectos arquetípicos da marca.

- **Pesquisas com consumidores:** Obter feedback direto dos consumidores pode revelar como eles percebem a marca, o que pode ajudar a identificar o arquétipo que já está sendo projetado.

- **Análise competitiva:** Entender como os concorrentes posicionam suas marcas pode oferecer insights sobre arquétipos potencialmente subutilizados ou saturados no mercado.

PASSO 6: DECISÃO E IMPLEMENTAÇÃO

Após realizar essa análise abrangente, o próximo passo é decidir conscientemente sobre o arquétipo que melhor representa sua marca. Este é um momento crucial, pois definirá como a marca se comunica e se posiciona no mercado.

Identificar corretamente o arquétipo da sua marca não é apenas um exercício teórico; é uma estratégia que pode definir o tom de todas as suas ações de marketing e comunicação. Ao escolher um arquétipo que ressoa verdadeiramente com os valores e a personalidade da sua marca, você estabelece uma fundação sólida para construir uma narrativa autêntica e envolvente.

No próximo capítulo, "**OS 12 ARQUÉTIPOS PRINCIPAIS**", mergulharemos profundamente em cada arquétipo clássico, explorando suas características, valores e como eles podem ser efetivamente utilizados nas estratégias de branding. Este conhecimento será crucial para você refinar sua escolha e garantir que o arquétipo selecionado seja implementado de maneira que maximize seu impacto e ressonância com o público. Não perca este estudo detalhado, que será o alicerce para você transformar a identidade da sua marca.

OS 12 ARQUÉTIPOS PRINCIPAIS

Agora que você já sabe como identificar o arquétipo que melhor se alinha com a sua marca, vamos explorar mais a fundo cada um dos 12 arquétipos principais. Este capítulo detalhará as características, os valores associados e exemplos de marcas que exemplificam cada arquétipo. Compreender profundamente cada arquétipo ajudará você a implementar essa poderosa ferramenta de branding de maneira eficaz e genuína.

1 - O INOCENTE

- **Valores:** Pureza, otimismo, simplicidade.

- **Marcas exemplo:** Dove, Coca-Cola.

- **Aplicação:** Ideal para marcas que querem transmitir confiança e otimismo, promovendo produtos simples e puros.

2 - O SÁBIO

- **Valores:** Sabedoria, conhecimento, autoridade.

- **Marcas exemplo:** Google, BBC.

- **Aplicação:** Perfeito para marcas que se posicionam como fontes de informação confiável e desejam promover a educação e o conhecimento.

3 - O EXPLORADOR

- **Valores:** Independência, aventura, espírito livre.

- **Marcas exemplo:** Jeep, Red Bull.

- **Aplicação:** Excelente para marcas que promovem estilos de vida ativos ou produtos que incentivam a descoberta e a aventura.

4 - O FORA DA LEI

- **Valores:** Rebelião, liberdade, revolução.

- **Marcas exemplo:** Harley-Davidson, Virgin.

- **Aplicação:** Adequado para marcas que desafiam o status quo e apelam para consumidores que valorizam a individualidade e a liberdade.

5 - O MAGO

- **Valores:** Transformação, inspiração, misticismo.

- **Marcas exemplo:** Disney, Apple.

- **Aplicação:** Ideal para marcas que visam criar experiências que transformam a realidade usual e promovem a magia e o encanto.

6 - O HERÓI

- **Valores:** Coragem, perseverança, heroísmo.

- **Marcas exemplo:** Nike, Adidas.

- **Aplicação:** Excelente para marcas associadas a esportes e desafios, promovendo superação e conquista.

7 - O AMANTE

- **Valores:** Paixão, prazer, conexão.

- **Marcas exemplo:** Victoria's Secret, Alfa Romeo.

- **Aplicação:** Perfeito para marcas que se concentram em criar conexões emocionais, oferecendo produtos luxuosos ou românticos.

8 - O BOBO DA CORTE

- **Valores:** Humor, diversão, irreverência.

- **Marcas exemplo:** M&M's, Old Spice.

- **Aplicação:** Ideal para marcas que querem ser vistas como fontes de alegria e diversão, atraindo consumidores através do humor e da leveza.

9 - O CUIDADOR

- **Valores:** Altruísmo, cuidado, proteção.

- **Marcas exemplo:** Johnson & Johnson, TOMS.

- **Aplicação:** Adequado para marcas que enfatizam o cuidado e o suporte, seja em produtos de saúde ou iniciativas sociais.

10 - O GOVERNANTE

- **Valores:** Controle, estabilidade, liderança.

- **Marcas exemplo:** Mercedes-Benz, Microsoft.

- **Aplicação:** Perfeito para marcas que se posicionam como líderes no mercado, oferecendo produtos ou serviços que promovem estabilidade e segurança.

11 - O CRIADOR

- **Valores:** Inovação, criatividade, originalidade.

- **Marcas exemplo:** LEGO, Adobe.

- **Aplicação:** Ideal para marcas que valorizam a criatividade e inovação, oferecendo produtos que permitem a expressão pessoal e a criação.

12 - O COMUM

- **Valores:** Honestidade, simplicidade, realismo.

- **Marcas exemplo:** IKEA, Wrangler.

- **Aplicação:** Excelente para marcas que se orgulham de ser acessíveis e confiáveis, atraem consumidores que valorizam a autenticidade e simplicidade.

Cada arquétipo possui um conjunto único de características e valores que, quando alinhados com os de sua marca, podem amplificar significativamente sua ressonância emocional e a lealdade do cliente. A escolha do arquétipo certo permite não apenas diferenciar sua marca no mercado, mas também estabelecer uma conexão mais profunda com seus consumidores.

No próximo capítulo, "**ARQUÉTIPO E IDENTIDADE DE MARCA**", exploraremos como você pode integrar o arquétipo escolhido em todos os aspectos da identidade de sua marca, desde a comunicação visual até as interações com o cliente. Este é um passo fundamental para garantir que o arquétipo de sua marca seja vivenciado de maneira consistente e impactante em todas as suas expressões de marca.

ARQUÉTIPO E IDENTIDADE DE MARCA

Com o entendimento claro dos 12 arquétipos principais e a identificação do que melhor representa sua marca, é crucial integrar esse arquétipo na identidade da sua marca. Este capítulo detalhará como você pode tecer o arquétipo escolhido nos diferentes elementos que compõem a identidade de sua marca, desde o design visual até o tom de voz, assegurando uma apresentação coerente e atraente.

INTEGRANDO O ARQUÉTIPO NO DESIGN VISUAL

A identidade visual de sua marca é frequentemente a primeira interação que os consumidores têm com sua empresa. Para que o arquétipo escolhido seja eficaz, ele deve ser claramente refletido em seu design, incluindo logotipo, paleta de cores, tipografia e imagens. Por exemplo:

- **O Herói:** Pode usar cores fortes e vibrantes como vermelho e preto, com imagens de pessoas superando desafios.

- **O Amante:** Prefere cores quentes e sensuais como rosa e vermelho, com fontes suaves e curvas.

Cada escolha deve reforçar as características do arquétipo, transmitindo os valores e a essência da marca de maneira visualmente impactante.

ARQUÉTIPO NO TOM DE VOZ

O tom de voz da sua marca é crucial para comunicar seu arquétipo de maneira consistente. Este tom deve ser adaptado para refletir as qualidades do arquétipo em todos os canais de comunicação, desde anúncios até interações de serviço ao cliente. Por exemplo:

- **O Sábio:** Utiliza um tom informativo e autoritário, oferecendo conhecimento e conselho.

- **O Bobo da Corte:** Adota um estilo mais leve e humorístico, muitas vezes usando jogos de palavras ou piadas.

A coerência no tom de voz não apenas fortalece a identidade da marca, mas também ajuda a construir confiança e lealdade entre os consumidores.

CONSISTÊNCIA ATRAVÉS DOS CANAIS

Manter a consistência do arquétipo através de todos os canais é fundamental. Isso inclui marketing digital, publicidade, embalagem, e até mesmo a experiência do usuário online e nas lojas físicas. Cada ponto de contato é uma oportunidade para reforçar o arquétipo da marca e aprofundar a conexão com o público.

- **Online:** Websites e redes sociais que refletem visual e textualmente o arquétipo escolhido.

- **Lojas físicas:** O ambiente deve evocar os valores do arquétipo, seja através do layout, decoração ou até mesmo do atendimento ao cliente.

AVALIAÇÃO E AJUSTE

A implementação de um arquétipo na identidade da marca é um processo contínuo. É essencial avaliar regularmente como o público está respondendo e ajustar os elementos conforme necessário para manter a relevância e a eficácia da marca. Ferramentas como pesquisas de satisfação do cliente, análise de mídias sociais e feedback direto podem ser inestimáveis para esse ajuste fino.

Integrar um arquétipo escolhido na identidade de sua marca não é um projeto único; é um elemento vital e contínuo da estratégia de branding. Ao garantir que cada aspecto da sua marca - da visualização à voz - esteja alinhado com o arquétipo, você estabelece uma base sólida para uma identidade de marca que não apenas se destaca no mercado, mas também ressoa profundamente com seus consumidores.

No próximo capítulo, "**ARQUÉTIPO E COMUNICAÇÃO DE MARCA**", vamos explorar como você pode alinhar efetivamente sua comunicação de marketing com o arquétipo da sua marca para maximizar o impacto e a coerência em todas as suas campanhas de marketing. Este será um guia prático para transformar sua estratégia de comunicação usando o poder dos arquétipos.

ARQUÉTIPO E COMUNICAÇÃO DE MARCA

Agora que você integrou o arquétipo à identidade da sua marca, é essencial alinhar sua comunicação de marketing com esse mesmo arquétipo para manter a consistência e a eficácia. Este capítulo discutirá como você pode aplicar o arquétipo escolhido nas suas estratégias de comunicação, garantindo que cada mensagem reforce a identidade da marca e ressoe com o público-alvo.

DEFININDO ESTRATÉGIAS DE COMUNICAÇÃO

A primeira etapa para alinhar sua comunicação de marca ao arquétipo é definir claramente as estratégias que você utilizará. Isso inclui escolher os canais adequados, o estilo de mensagem e o tipo de conteúdo que será distribuído. Por exemplo:

- **Para o arquétipo do Explorador:** Utilize comunicações que incentivem a aventura e a descoberta. Campanhas em redes sociais podem apresentar destinos exóticos ou atividades desafiadoras para atrair seu público.

- **Para o arquétipo do Cuidador:** Mensagens em todos os canais devem enfatizar segurança, cuidado e apoio, utilizando uma linguagem que comunique empatia e proteção.

ALINHANDO A MENSAGEM COM O ARQUÉTIPO

Cada peça de comunicação deve ser filtrada através do arquétipo para garantir que a mensagem não apenas seja consistente, mas também fortaleça a conexão emocional com o público. Isso inclui publicidade, PR, conteúdo online, e-mail marketing e até mesmo embalagens e merchandising. As mensagens devem refletir os valores e a essência do arquétipo de forma clara e compreensível.

CRIATIVIDADE E INOVAÇÃO NA COMUNICAÇÃO

Embora a consistência seja vital, também é importante manter a criatividade nas suas comunicações. Isso mantém o público engajado e permite que a marca se destaque em um mercado competitivo. Por exemplo:

- **Inovando com o Mago:** Campanhas que utilizam realidade aumentada ou virtual para criar experiências mágicas e transformadoras podem captar a imaginação do público de maneira eficaz.

- **Humor com o Bobo da Corte:** Anúncios que usam humor, jogos de palavras ou situações cômicas podem criar uma marca memorável e acessível.

COERÊNCIA EM TODAS AS PLATAFORMAS

A coerência é fundamental para a construção da marca. Assegure-se de que cada campanha, post em redes sociais, e-mail ou material promocional esteja alinhado com o arquétipo escolhido. A consistência cria uma marca forte e confiável, enquanto a incoerência pode confundir e alienar seu público.

AVALIAÇÃO E REVISÃO

Monitorar e avaliar a eficácia da sua comunicação de marca é crucial. Utilize análises de dados, feedback do cliente e métricas de engajamento para entender o que funciona e o que pode ser melhorado. Este processo contínuo de revisão ajudará a manter sua comunicação fresca e relevante.

Alinhar sua comunicação de marketing com o arquétipo de sua marca não é apenas sobre manter a consistência; é sobre criar uma voz autêntica e envolvente que fale diretamente ao coração e à mente dos consumidores. Quando bem executado, o arquétipo pode transformar completamente a percepção do público sobre sua marca, gerando lealdade e diferenciando sua oferta em um mercado saturado.

No próximo capítulo, **"DESENVOLVENDO UMA VOZ DE MARCA CONSISTENTE"**, exploraremos como você pode usar o arquétipo escolhido para desenvolver uma voz de marca que seja não apenas consistente, mas também única e atraente. Prepare-se para aprofundar ainda mais nas técnicas para manter a voz da sua marca coerente em todas as suas expressões e interações.

DESENVOLVENDO UMA VOZ DE MARCA CONSISTENTE

A voz de sua marca é um dos elementos mais críticos na construção de uma identidade de marca coerente e memorável. Este capítulo se concentra em como você pode usar o arquétipo escolhido para desenvolver uma voz de marca que não apenas seja consistente, mas que também cative e engaje seu público de maneira autêntica e duradoura.

A IMPORTÂNCIA DA VOZ DE MARCA

A voz de marca é a expressão verbal da personalidade da sua marca. Ela influencia como sua marca se comunica em todos os textos, desde campanhas publicitárias até postagens em mídias sociais, e-mails e comunicação interna. Uma voz de marca consistente ajuda a construir reconhecimento e confiança com o público, enquanto uma voz incoerente pode confundir e alienar os consumidores.

ALINHANDO A VOZ COM O ARQUÉTIPO

Cada arquétipo possui características únicas que devem ser refletidas na voz de sua marca:

- **O Criador:** Inspiradora e inovadora, focada em mostrar novidade e possibilidade.

- **O Governante:** Autoritária e confiante, transmitindo uma sensação de liderança e estabilidade.

- **O Amante:** Sensual e envolvente, criando uma atmosfera de intimidade e conexão.

Para cada arquétipo, pense nas qualidades de voz que melhor representam sua essência e como essas qualidades podem ser expressas verbalmente.

EXEMPLOS PRÁTICOS DE VOZ DE MARCA

- **Para o Explorador:** Use uma voz que encoraje a aventura e a liberdade. Seus textos devem inspirar as pessoas a explorar o desconhecido, com frases que evocam a sensação de viagem e descoberta.

- Para o Cuidador: A voz deve ser acolhedora e protetora, com uma linguagem que transmita cuidado e suporte, frequentemente usando termos que expressam segurança e conforto.

CONSISTÊNCIA EM TODOS OS CANAIS

Para manter a consistência da voz da marca:

- Documente as diretrizes de voz: Crie um manual de estilo que defina claramente como a voz da marca deve ser aplicada em diferentes contextos.

- Treine sua equipe: Certifique-se de que todos os envolvidos na comunicação da marca entendam e possam aplicar a voz de marca de forma eficaz.

- Reveja regularmente: À medida que sua marca evolui, revisite e ajuste a voz da marca conforme necessário para garantir que ela continue relevante e eficaz.

MEDINDO A EFICÁCIA DA VOZ DA MARCA

Utilize feedback do cliente, análises de engajamento em mídias sociais e outros indicadores de desempenho para avaliar a eficácia da voz da marca. Isso não apenas ajuda a entender o que ressoa com seu público, mas também indica áreas para ajustes e melhorias.

Desenvolver e manter uma voz de marca consistente é fundamental para qualquer estratégia de marca bem-sucedida. Ao alinhar essa voz com o arquétipo escolhido, sua marca não só falará com mais clareza e persuasão, mas também estabelecerá uma conexão emocional mais forte com seu público. A voz de sua marca é uma poderosa ferramenta de storytelling que, quando utilizada corretamente, pode diferenciar sua marca no mercado competitivo de hoje.

No próximo capítulo, **"ARQUÉTIPO E EXPERIÊNCIA DO CLIENTE"**, vamos explorar como integrar o arquétipo de marca na experiência geral do cliente para criar interações mais significativas e memoráveis. Este será um passo crucial para garantir que toda a experiência da marca seja envolvente e coesa.

ARQUÉTIPO E EXPERIÊNCIA DO CLIENTE

A integração do arquétipo de sua marca na experiência do cliente é essencial para criar uma interação coesa e envolvente que reflita a identidade da sua marca e fortaleça a conexão com seu público. Este capítulo explora como você pode tecer o arquétipo escolhido em cada ponto de contato com o cliente, desde o primeiro engajamento até o serviço pós-venda, garantindo uma experiência memorável e alinhada com os valores da marca.

ENTENDENDO A EXPERIÊNCIA DO CLIENTE

A experiência do cliente abrange todos os aspectos da interação do seu público com sua marca, incluindo publicidade, compra, uso do produto ou serviço, e suporte. Uma experiência bem projetada e consistente pode transformar clientes casuais em defensores da marca, enquanto experiências negativas ou incoerentes podem prejudicar a percepção e a lealdade.

INCORPORANDO O ARQUÉTIPO EM CADA ETAPA

- **Descoberta e consciência:** No início da jornada do cliente, onde ele descobre sua marca, use o arquétipo para contar uma história que capte a atenção e desperte interesse. Por exemplo, um arquétipo de Explorador pode ser apresentado através de campanhas que destacam aventura e descoberta.

- **Consideração e compra:** Quando os clientes estão considerando sua oferta, reforce o arquétipo através de mensagens de marketing que destacam os principais valores e qualidades da marca. Por exemplo, um arquétipo de Cuidador pode ser enfatizado por meio de garantias de produto e promessas de um excelente serviço ao cliente.

- **Uso e experiência:** Durante o uso do produto ou serviço, certifique-se de que o arquétipo esteja presente em elementos como design, funcionalidade e interação com o usuário. Um arquétipo de Criador, por exemplo, pode ser expresso em produtos que incentivam a personalização e a criatividade.

- **Suporte e pós-venda:** O serviço ao cliente deve refletir o arquétipo para garantir uma experiência consistente. Por exemplo, um arquétipo de Governante pode garantir um suporte ao cliente que se destaque pela autoridade, confiabilidade e eficiência.

ESTRATÉGIAS PARA IMPLEMENTAÇÃO EFICAZ

- **Treinamento de equipe:** Assegure que toda a equipe, especialmente a de atendimento ao cliente, compreenda profundamente o arquétipo da marca para que possam agir de maneira alinhada com ele em todas as interações.

- **Feedback e ajustes:** Use feedback dos clientes para ajustar continuamente a experiência, garantindo que o arquétipo seja apresentado de maneira eficaz e que todas as interações reforcem a identidade da marca.

- **Monitoramento e avaliação:** Regularmente revise e avalie como o arquétipo está sendo integrado na experiência do cliente, utilizando métricas de satisfação e engajamento para orientar melhorias.

Integrar o arquétipo escolhido em todas as etapas da experiência do cliente não apenas enriquece essa experiência, mas também fortalece a identidade e coesão da marca. Ao garantir que cada interação reflita os valores e qualidades do arquétipo, você pode criar uma relação mais profunda e duradoura com seus clientes.

No próximo capítulo, **"USANDO ARQUÉTIPOS PARA DIFERENCIAÇÃO DE MERCADO"**, exploraremos como utilizar o arquétipo para se destacar em um mercado competitivo, usando estratégias inovadoras para diferenciar sua marca e atrair mais clientes. Este será um passo crucial para não apenas manter a relevância, mas também para ampliar o impacto de sua marca no mercado.

USANDO ARQUÉTIPOS PARA DIFERENCIAÇÃO DE MERCADO

A diferenciação de mercado é fundamental em um cenário competitivo. Arquétipos, quando utilizados estrategicamente, podem ser uma ferramenta poderosa para diferenciar sua marca dos concorrentes. Este capítulo explora como você pode usar o arquétipo escolhido para criar uma identidade única que não apenas destaque sua marca, mas também atraia e retenha clientes de maneira eficaz.

COMPREENDENDO A DIFERENCIAÇÃO DE MERCADO

Diferenciação de mercado significa estabelecer sua marca como única frente aos concorrentes, destacando características e benefícios que só ela pode oferecer. O uso de arquétipos ajuda a alcançar isso ao conferir à sua marca uma personalidade distinta e memorável que ressoa em um nível emocional com seu público.

ESTRATÉGIAS DE DIFERENCIAÇÃO USANDO ARQUÉTIPOS

- **Posicionamento baseado em arquétipos:** Escolha um arquétipo que não apenas se alinhe com a visão e missão da sua marca, mas que também seja distinto dos usados por seus concorrentes. Por exemplo, se a maioria das marcas em seu setor adota o arquétipo de "Governante", adotar o "Fora da Lei" pode ajudar a destacar sua marca como uma alternativa única e atraente.

- **Comunicação e marketing alinhados:** Use o arquétipo para guiar todas as suas estratégias de comunicação e marketing. Isso inclui a tonalidade das campanhas publicitárias, a estética do conteúdo de mídia social, e o estilo de interação no atendimento ao cliente. Essa consistência ajuda a reforçar a identidade única da marca e aprofundar a conexão emocional com o público.

- **Experiências do cliente personalizadas:** Crie experiências de cliente que reflitam o arquétipo escolhido. Por exemplo, uma marca que adota o arquétipo do "Criador" pode oferecer oficinas de personalização de produtos ou serviços que incentivem a expressão criativa dos clientes.

- **Histórias de marca envolventes:** Utilize o storytelling baseado em seu arquétipo para contar histórias que capturam a imaginação e o coração do seu público. Histórias que são coerentes com o arquétipo da marca tendem a ser mais envolventes e memoráveis.

BENEFÍCIOS DA DIFERENCIAÇÃO ATRAVÉS DE ARQUÉTIPOS

- **Conexão emocional:** Arquétipos facilitam uma conexão emocional profunda com o público, o que é essencial para a lealdade à marca.

- **Reconhecimento de marca:** Uma marca que consistentemente comunica seu arquétipo torna-se facilmente reconhecível e distinta.

- **Preferência do consumidor:** Marcas que se destacam em seu mercado e ressoam emocionalmente com os consumidores tendem a ser preferidas sobre as concorrentes menos distintas.

MONITORAMENTO E ADAPTAÇÃO

É crucial monitorar a eficácia de suas estratégias de diferenciação para garantir que elas continuem relevantes e impactantes. Esteja atento ao feedback do mercado e esteja pronto para adaptar sua abordagem se a percepção da marca mudar ou se novos concorrentes emergirem.

Utilizar arquétipos para a diferenciação de mercado não apenas ajuda a estabelecer uma marca única e atraente, mas também cria uma vantagem competitiva sustentável. Ao se aprofundar nas qualidades únicas do arquétipo escolhido e integrá-las em todos os aspectos da marca, você pode garantir que sua empresa se destaque em um mercado saturado.

No próximo capítulo, "**ARQUÉTIPO E NARRATIVA DE MARCA**", exploraremos como tecer o arquétipo escolhido nas narrativas da sua marca para contar histórias que não apenas engajem, mas também inspirem e mobilizem seu público. Essa será a chave para transformar a percepção da marca e fortalecer ainda mais sua posição no mercado.

ARQUÉTIPO E NARRATIVA DE MARCA

Narrativas são essenciais na construção de marcas fortes; elas contam a história de quem você é, o que você valoriza e por que seus clientes deveriam se importar. Integrar seu arquétipo escolhido nas narrativas de sua marca pode transformar a forma como você se comunica com seu público, criando histórias que não apenas captam a atenção, mas também inspiram fidelidade e ação. Este capítulo explora como tecer efetivamente o arquétipo de sua marca em suas narrativas para maximizar o impacto emocional e o engajamento.

FUNDAMENTOS DA NARRATIVA DE MARCA

Narrativas de marca eficazes devem ser autênticas, coerentes e ressoar emocionalmente com o público. Elas são construídas em torno do arquétipo da marca, o qual fornece um quadro consistente que orienta como a história é contada, quais pontos são enfatizados e o tom geral da mensagem.

INCORPORANDO O ARQUÉTIPO NAS HISTÓRIAS

- **Identifique os temas centrais:** Cada arquétipo possui temas e motivações característicos. Por exemplo, o arquétipo do Herói pode focar em superação de desafios e bravura, enquanto o Sábio pode concentrar-se em conhecimento e iluminação. Identifique esses temas em sua própria marca e use-os como a espinha dorsal de suas histórias.

- **Desenvolva personagens arquetípicos:** Personagens que personificam o arquétipo da sua marca podem servir como heróis em suas narrativas. Esses personagens devem exemplificar os valores e as qualidades do arquétipo, atuando como embaixadores da marca nas histórias.

- **Estruture as histórias para ressonância emocional:** Construa suas histórias de maneira que elas gerem uma resposta emocional que alinhe com o arquétipo. Por exemplo, uma marca que usa o arquétipo do Cuidador deve criar histórias que destaquem empatia, cuidado e a comunidade como pontos-chave.

EXEMPLOS DE NARRATIVAS EFICAZES

- **A jornada do herói:** Marcas que utilizam o arquétipo do Herói podem contar histórias de clientes superando obstáculos com a ajuda de seus produtos ou serviços.

- **A sabedoria do Sábio:** Marcas que se identificam com o arquétipo do Sábio podem compartilhar insights e sabedoria, educando seu público sobre temas relevantes que reforçam sua autoridade no setor.

GARANTINDO COERÊNCIA NAS PLATAFORMAS

Mantenha a coerência da narrativa através de todas as plataformas e pontos de contato com o cliente, desde marketing digital até interações diretas. Isso não só reforça a identidade da marca, mas também garante que a história da marca seja compreendida e apreciada de forma uniforme.

AVALIAÇÃO E ADAPTAÇÃO DA NARRATIVA

Regularmente avalie o impacto de suas narrativas de marca. Utilize feedback do cliente, análises de engajamento e métricas de desempenho para ajustar e aprimorar suas histórias. Este processo contínuo ajuda a manter suas narrativas frescas, relevantes e alinhadas com as expectativas e necessidades do público.

Ao integrar seu arquétipo de maneira profunda nas narrativas de sua marca, você não apenas conta a história da sua empresa de forma mais eficaz, mas também constrói uma conexão emocional que pode elevar a percepção e a lealdade à marca. Histórias bem contadas são incrivelmente poderosas e podem transformar a maneira como os consumidores veem e interagem com sua marca.

No próximo capítulo, "**MEDINDO A EFICÁCIA DO ARQUÉTIPO DE MARCA**", exploraremos como avaliar o sucesso de suas estratégias de arquétipos, garantindo que suas ações estejam gerando os resultados desejados e ajustando sua abordagem conforme necessário para otimizar o engajamento e o impacto.

MEDINDO A EFICÁCIA DO ARQUÉTIPO DE MARCA

Uma vez que você integrou o arquétipo de sua marca em todas as áreas de comunicação e narrativa, é crucial avaliar se essas estratégias estão realmente fortalecendo sua marca e conectando-se efetivamente com seu público. Este capítulo discute como medir a eficácia do arquétipo de sua marca, as ferramentas e técnicas que você pode usar para coletar dados importantes, e como interpretar esses dados para fazer ajustes estratégicos.

ESTABELECENDO MÉTRICAS DE SUCESSO

Antes de medir a eficácia do arquétipo de sua marca, você precisa definir quais métricas são mais relevantes para seus objetivos de negócios. Estas podem incluir:

- **Engajamento do consumidor:** Medidas como tempo de interação com a marca, frequência de compra, e engajamento em redes sociais.

- **Reconhecimento de marca:** Aumento na lembrança e reconhecimento da marca em pesquisas de mercado.

- **Conversões e vendas:** Mudanças nos números de vendas, inscrições em serviços ou participações em eventos promocionais.

- **Lealdade do cliente:** Taxas de retenção de clientes e inscrições em programas de fidelidade.

FERRAMENTAS PARA COLETAR DADOS

Para medir efetivamente a eficácia do arquétipo de sua marca, você pode utilizar uma variedade de ferramentas:

- **Pesquisas de satisfação do cliente:** Para obter feedback direto sobre como os consumidores percebem a marca e seus valores.

- **Software de análise de redes sociais:** Para monitorar o engajamento e a reação do público às campanhas de marketing online.

- **Google Analytics:** Para rastrear o comportamento do usuário no site da marca e medir conversões e tráfego referente.

INTERPRETANDO OS DADOS

Coletar dados é apenas parte do processo; interpretá-los corretamente é crucial para entender se o arquétipo está sendo eficaz. Analise os dados buscando tendências e padrões que indicam tanto sucessos quanto áreas para melhoria. Por exemplo, uma alta taxa de engajamento em conteúdos que refletem o arquétipo da marca pode indicar uma forte ressonância, enquanto feedbacks negativos ou indiferentes podem sugerir a necessidade de ajustes na comunicação.

AJUSTANDO A ESTRATÉGIA

Baseado nos dados coletados e sua análise, você deve estar preparado para fazer ajustes estratégicos. Isso pode incluir:

- **Refinar a comunicação do arquétipo:** Se certos aspectos do arquétipo não estão ressonando, considere como você pode ajustar a narrativa ou a apresentação para melhor alinhar com as expectativas do público.

- **Intensificar o treinamento da equipe:** Se a equipe não está comunicando o arquétipo de forma eficaz através do atendimento ao cliente ou marketing, mais treinamento pode ser necessário.

- **Inovar em produtos ou serviços:** Se os dados mostrarem que o mercado está respondendo positivamente ao arquétipo, pode ser uma oportunidade para expandir ou inovar em linhas de produtos ou serviços que reforçam essa identidade.

Medir a eficácia do arquétipo de sua marca não é um evento único, mas um processo contínuo que deve evoluir com sua estratégia de marca. Ao manter um ciclo consistente de avaliação e ajuste, você pode assegurar que seu arquétipo continue a servir como um pilar forte para a identidade e o crescimento da marca.

No próximo capítulo, "**ADAPTAÇÃO DO ARQUÉTIPO AO LONGO DO TEMPO**", exploraremos como e quando ajustar seu arquétipo à medida que sua marca evolui e o mercado muda. Esta flexibilidade é essencial para manter a relevância e a eficácia de sua estratégia de marca no longo prazo.

ADAPTAÇÃO DO ARQUÉTIPO AO LONGO DO TEMPO

À medida que sua marca cresce e o mercado evolui, pode ser necessário ajustar o arquétipo de sua marca para manter a relevância e a ressonância com seu público. Este capítulo aborda a importância de adaptar seu arquétipo ao longo do tempo, identificando sinais que indicam a necessidade de mudança e explorando estratégias para implementar essas adaptações de maneira eficaz.

RECONHECENDO A NECESSIDADE DE MUDANÇA

Mudanças no mercado, no público-alvo ou na própria empresa podem exigir que você reavalie e potencialmente ajuste o arquétipo de sua marca. Aqui estão alguns indicadores de que uma mudança pode ser necessária:

- **Mudanças demográficas:** Alterações significativas na demografia de seu público podem exigir uma reconsideração do arquétipo para garantir que ele ainda ressoe com seu público principal.

- **Tendências de mercado:** Novas tendências ou mudanças no setor podem tornar certos arquétipos mais ou menos relevantes.

- **Feedback do cliente:** O feedback regular do cliente pode indicar que o arquétipo atual não está mais alinhando com as expectativas ou necessidades do consumidor.

- **Resultados de performance da marca:** Uma queda nos indicadores de desempenho da marca, como engajamento, lealdade ou vendas, pode sugerir que o arquétipo precisa ser revisto.

ESTRATÉGIAS PARA ADAPTAÇÃO DE ARQUÉTIPOS

1 - Pesquisa e análise: Antes de fazer qualquer mudança, conduza uma pesquisa aprofundada para entender as forças que estão moldando as necessidades e preferências de seu público, bem como as dinâmicas do mercado.

2 - Workshops de cocriação: Envolver stakeholders internos e externos em workshops pode ajudar a identificar qual novo arquétipo pode melhor representar a marca diante das mudanças observadas.

3 - Testes de mercado: Antes de implementar totalmente um novo arquétipo, teste-o em segmentos menores do mercado para avaliar a resposta do público e fazer ajustes antes do lançamento em larga escala.

4 - Atualização gradual: Introduza mudanças gradualmente para não alienar seu público existente. Isso pode incluir a atualização de mensagens de marketing, revisão da identidade visual e reajustes nas estratégias de comunicação para refletir o novo arquétipo de maneira suave e consistente.

COMUNICANDO MUDANÇAS AO PÚBLICO

Comunicar eficazmente as mudanças no arquétipo aos consumidores é crucial. Assegure que as comunicações sejam claras sobre como e por que a marca está evoluindo, e destaque os benefícios que essas mudanças trarão para os clientes. Manter transparência ajudará a manter a confiança e a lealdade do cliente durante o período de transição.

MONITORAMENTO PÓS-ADAPTAÇÃO

Após a implementação de um novo arquétipo, é vital continuar monitorando como ele está sendo recebido pelo público. Continue utilizando ferramentas de análise de desempenho e feedback do cliente para ajustar a estratégia conforme necessário, garantindo que a marca permaneça alinhada com as expectativas e necessidades do consumidor.

Adaptar o arquétipo de sua marca ao longo do tempo é uma parte essencial da gestão de marca. Manter seu arquétipo alinhado com as mudanças do mercado e as necessidades do público não apenas ajuda a manter a relevância da marca, mas também a fortalece, permitindo um crescimento sustentável e uma maior conexão com os clientes.

No próximo capítulo, **"ARQUÉTIPOS EM DIFERENTES CULTURAS"**, exploraremos como os arquétipos são percebidos em diferentes contextos culturais e como você pode adaptar sua estratégia de marca para mercados globais, respeitando ao mesmo tempo as nuances culturais locais.

ARQUÉTIPOS EM DIFERENTES CULTURAS

À medida que sua marca expande globalmente, é fundamental entender como os arquétipos de marca são percebidos em diferentes contextos culturais. Este capítulo discute a importância de adaptar os arquétipos para se alinhar com as nuances culturais específicas de cada mercado, garantindo que sua comunicação seja eficaz e ressonante em diferentes regiões do mundo.

COMPREENDENDO A VARIAÇÃO CULTURAL DOS ARQUÉTIPOS

Arquétipos, embora universais em sua essência, podem ter diferentes conotações e significados em culturas distintas. Por exemplo:

- **O Herói:** Em culturas ocidentais, o Herói é frequentemente visto como um salvador corajoso e audaz. No entanto, em algumas culturas orientais, o conceito de herói pode estar mais ligado à sabedoria e à paciência.

- **O Sábio:** Enquanto no Ocidente o Sábio pode ser associado a um acadêmico ou cientista, em culturas orientais, ele pode ser mais próximo de um monge ou guru espiritual.

Essas diferenças podem influenciar como os arquétipos devem ser apresentados e comunicados em diferentes mercados para garantir que eles se conectem de maneira autêntica e respeitosa.

ESTRATÉGIAS PARA ADAPTAR ARQUÉTIPOS EM MERCADOS GLOBAIS

- **Pesquisa cultural aprofundada:** Antes de entrar em um novo mercado, conduza uma pesquisa detalhada para entender as crenças, valores e comportamentos predominantes. Isso inclui estudar como os arquétipos tradicionais são percebidos e quais variações podem ser necessárias.

- **Consultoria local:** Trabalhe com especialistas culturais e consultores locais para adaptar os arquétipos de forma que respeitem e ressoem com a cultura local. Eles podem oferecer insights valiosos que podem prevenir mal-entendidos e falhas de comunicação.

- Testes de mercado: Implemente testes de mercado para avaliar como as adaptações do arquétipo são recebidas pelo público local. Use feedback para ajustar a abordagem antes de um lançamento em larga escala.

- Comunicação flexível: Desenvolva materiais de marketing e comunicações que possam ser facilmente ajustados para diferentes mercados. Isso inclui ter várias versões de campanhas publicitárias que destacam diferentes aspectos do arquétipo que são mais relevantes para cada cultura.

EXEMPLOS DE ADAPTAÇÃO CULTURAL

- Campanhas diferenciadas: Uma marca global de bebidas pode usar o arquétipo do Explorador para promover a aventura e o desconhecido nos EUA, enquanto no Japão, o mesmo arquétipo pode focar mais na harmonia com a natureza e na descoberta interior.

- Modificação de produtos: Algumas marcas adaptam não apenas sua comunicação, mas também seus produtos para refletir melhor os valores culturais que ressoam com determinados arquétipos em mercados específicos.

A adaptação dos arquétipos para diferentes culturas é crucial para o sucesso global de uma marca. Entender e respeitar as variações culturais nos significados dos arquétipos pode levar a uma comunicação mais eficaz, aumentando a relevância da marca e fortalecendo sua conexão com consumidores em todo o mundo.

No próximo capítulo, "**EVITANDO ARMADILHAS COMUNS COM ARQUÉTIPOS**," abordaremos os erros comuns que as empresas cometem ao implementar arquétipos de marca e como evitá-los para garantir que sua estratégia de arquétipos seja bem-sucedida e sustentável.

EVITANDO ARMADILHAS COMUNS COM ARQUÉTIPOS

A implementação de arquétipos de marca, embora poderosa, pode apresentar desafios significativos. Este capítulo identifica algumas das armadilhas mais comuns que as marcas podem encontrar ao utilizar arquétipos e oferece orientações estratégicas para evitá-las, garantindo que o uso de arquétipos em sua estratégia de marca seja eficaz e benéfico.

ARMADILHA 1: ESCOLHA INCONGRUENTE DE ARQUÉTIPOS

- **Problema:** Escolher um arquétipo que não se alinha com os valores reais ou percebidos da marca pode criar uma desconexão com o público.

- **Solução:** Realize uma análise profunda da identidade da marca e dos valores do público-alvo antes de selecionar um arquétipo. Considere realizar workshops de marca e pesquisas de mercado para garantir que a escolha do arquétipo reflita verdadeiramente a essência da marca e ressoe com o público.

ARMADILHA 2: SUPERFICIALIDADE NA EXECUÇÃO

- **Problema:** Aplicar um arquétipo de forma superficial, sem integrá-lo profundamente em todos os aspectos da marca, pode resultar em uma estratégia que parece forçada ou inautêntica.

- **Solução:** Desenvolva um plano abrangente para incorporar o arquétipo em todas as facetas da marca, incluindo marketing, comunicação, experiência do cliente e cultura interna. Certifique-se de que todos os departamentos entendam e possam aplicar consistentemente o arquétipo em suas operações.

ARMADILHA 3: FALTA DE DIFERENCIAÇÃO

- **Problema:** Usar um arquétipo que é amplamente popular no setor pode dificultar a diferenciação da sua marca da concorrência.

- **Solução:** Encontre maneiras únicas de interpretar ou apresentar o arquétipo que distingam sua marca. Considere combinar elementos de diferentes arquétipos ou destacar aspectos menos explorados do arquétipo escolhido para criar uma identidade única.

ARMADILHA 4: RIGIDEZ NA APLICAÇÃO

- **Problema:** Adotar uma abordagem rígida e inflexível para o arquétipo pode impedir a marca de evoluir e responder às mudanças do mercado.

- **Solução:** Mantenha uma abordagem flexível, permitindo que o arquétipo evolua com a marca e o mercado. Realize revisões regulares da estratégia de arquétipo e esteja aberto a ajustes baseados em feedback do mercado e desempenho da marca.

ARMADILHA 5: DESCONSIDERAÇÃO DAS DIFERENÇAS CULTURAIS

- **Problema:** Falhar em adaptar o arquétipo para diferentes culturas pode levar a mensagens que são mal interpretadas ou ofensivas em alguns mercados.

- **Solução:** Investigue as conotações culturais do arquétipo em diferentes mercados e ajuste sua comunicação para garantir que seja apropriada e ressonante em cada contexto cultural. Trabalhe com especialistas locais para adaptar sua estratégia de forma eficaz.

Evitar essas armadilhas não apenas aumenta a eficácia da implementação do arquétipo de marca, mas também protege a integridade e a reputação da marca no longo prazo. Ao manter uma abordagem consciente e estratégica, sua marca pode usar arquétipos para construir uma conexão forte e significativa com o público, diferenciando-se no mercado de forma autêntica e impactante.

No próximo capítulo, **"CASOS DE ESTUDO DE ARQUÉTIPOS DE MARCA BEM-SUCEDIDOS"**, examinaremos exemplos reais de marcas que utilizaram arquétipos para alcançar sucesso significativo. Esses estudos de caso fornecerão insights valiosos e inspiração para aplicar arquétipos de forma efetiva em sua própria estratégia de marca.

CASOS DE ESTUDO DE ARQUÉTIPOS DE MARCA BEM-SUCEDIDOS

Explorar casos de estudo onde arquétipos de marca foram utilizados com sucesso pode fornecer insights valiosos e inspiração para a implementação de estratégias de arquétipo em sua própria marca. Este capítulo analisa diversos exemplos de empresas que efetivamente alinharam seus arquétipos com suas estratégias de marca, resultando em reconhecimento de mercado, lealdade do cliente e crescimento de negócios.

CASO DE ESTUDO 1: NIKE – O HERÓI

- **Arquétipo:** O Herói

- **Estratégia:** A Nike adotou o arquétipo do Herói, posicionando seus produtos como ferramentas que ajudam os consumidores a superar desafios e atingir excelência.

- **Execução:** Com slogans inspiradores como "Just Do It", a Nike encoraja seus clientes a "lutarem" por seus objetivos pessoais e esportivos, reforçando a ideia de que qualquer um pode ser um herói em sua própria história.

- **Resultados:** A abordagem heroica ajudou a Nike a se tornar líder de mercado em equipamentos esportivos, estabelecendo uma conexão emocional forte com seu público, que vê a marca como um motivador para alcançar o sucesso.

CASO DE ESTUDO 2: APPLE – O MAGO

- **Arquétipo:** O Mago

- **Estratégia:** A Apple utiliza o arquétipo do Mago para apresentar seus produtos como revolucionários e capazes de transformar o cotidiano das pessoas.

- **Execução:** Lançamentos de produtos inovadores, como o iPhone e o iPad, são apresentados como magos, prometendo novas experiências e possibilidades que antes pareciam impossíveis.

- **Resultados:** Este posicionamento ajudou a Apple a cultivar uma base de consumidores fiéis que antecipam cada novo lançamento e veem a marca como um símbolo de inovação e transformação.

CASO DE ESTUDO 3: DOVE – O CUIDADOR

- **Arquétipo:** O Cuidador

- **Estratégia:** Dove adota o arquétipo do Cuidador, com foco na criação de uma imagem corporal positiva e no cuidado com a beleza natural.

- **Execução:** A campanha "Real Beauty" celebra a diversidade e a autenticidade, mostrando mulheres de diferentes idades, tamanhos e etnias, e enfatizando o cuidado e aceitação.

- **Resultados:** A campanha não só aumentou significativamente a visibilidade e as vendas da Dove, mas também estabeleceu a marca como uma defensora do bem-estar emocional e físico das mulheres.

CASO DE ESTUDO 4: RED BULL – O EXPLORADOR

- **Arquétipo:** O Explorador

- **Estratégia:** A Red Bull adota o arquétipo do Explorador, promovendo um estilo de vida aventureiro e energético.

- **Execução:** A marca é conhecida por patrocinar esportes radicais e eventos que desafiam limites, como saltos de paraquedas e corridas de aventura.

- **Resultados:** Essa estratégia solidifica a imagem da Red Bull como uma bebida para aqueles que buscam emoção e aventura, ampliando seu alcance e apelo no mercado jovem e dinâmico.

Estes casos de estudo demonstram como o uso efetivo de arquétipos pode diferenciar uma marca e criar laços profundos com os consumidores. Ao escolher e implementar um arquétipo que ressoa autenticamente com seus valores e aspirações, as marcas podem ampliar significativamente seu impacto e sucesso no mercado.

No próximo capítulo, "**ARQUÉTIPOS E MARKETING DIGITAL**", exploraremos como os arquétipos podem ser integrados nas estratégias de marketing digital para maximizar a relevância online e engajar ainda mais com o público na era digital.

ARQUÉTIPOS E MARKETING DIGITAL

No contexto atual, onde o digital domina as estratégias de comunicação, entender como integrar arquétipos de marca nas campanhas de marketing digital é essencial para engajar o público de maneira eficaz e memorável. Este capítulo aborda como os arquétipos podem ser utilizados para potencializar a presença digital de sua marca, melhorando o engajamento e a conversão através de várias plataformas online.

UTILIZANDO ARQUÉTIPOS EM CONTEÚDO DIGITAL

- **Blogs e artigos:** Use o arquétipo da marca para definir o tom e o estilo do conteúdo. Por exemplo, um arquétipo de Sábio pode ser usado para criar conteúdos que educam e informam, estabelecendo a marca como uma autoridade no assunto.

- **Vídeos:** Vídeos são particularmente eficazes para transmitir arquétipos emocionalmente envolventes como o Herói ou o Mago. Eles podem ser usados para contar histórias que ilustrem a jornada do consumidor ou a inovação por trás de um produto.

- **Infográficos e visualizações de dados:** Para marcas que adotam o arquétipo do Sábio, infográficos são excelentes ferramentas para compartilhar conhecimento de forma acessível e visualmente atraente.

ESTRATÉGIAS DE ENGAJAMENTO NAS REDES SOCIAIS

A presença em redes sociais é uma área crítica onde o arquétipo de marca deve ser consistentemente aplicado para engajar efetivamente com o público.

- **Personalidade nas postagens:** As redes sociais oferecem uma plataforma para humanizar a marca através do arquétipo. Por exemplo, um arquétipo de Bobo da Corte pode ser perfeito para marcas que querem se conectar com seu público através do humor em plataformas como Twitter ou TikTok.

- **Interatividade:** Encoraje a interação com o público utilizando o arquétipo para moldar respostas e comentários, o que pode ajudar a fortalecer a conexão emocional e aumentar o engajamento.

- **Campanhas e promoções:** Desenvolva campanhas que reflitam o arquétipo da marca, como desafios ou quizzes que engajem o público de maneira alinhada com a personalidade da marca.

OTIMIZAÇÃO PARA SEO E ARQUÉTIPOS

Utilizar arquétipos em sua estratégia de SEO pode ajudar a atrair o tipo certo de tráfego para o seu site.

- **Palavras-chave e arquétipos:** Integre o arquétipo de marca nas palavras-chave para atrair visitantes que estejam alinhados com os valores da marca. Por exemplo, uma marca que adota o arquétipo do Explorador pode focar em termos relacionados à aventura e descoberta.

- **Conteúdo alinhado com arquétipo:** Crie conteúdo que não apenas seja otimizado para SEO, mas que também reforce o arquétipo escolhido, ajudando a construir uma narrativa consistente que melhore o engajamento e a retenção de usuários.

MEDINDO O IMPACTO DO ARQUÉTIPO NO MARKETING DIGITAL

É vital medir como o uso dos arquétipos está impactando sua estratégia de marketing digital:

- **Análise de engajamento:** Monitore como diferentes tipos de conteúdos alinhados com o arquétipo estão performando em termos de likes, compartilhamentos e comentários.

- **Conversões:** Acompanhe as conversões que podem ser atribuídas diretamente a campanhas influenciadas pelo arquétipo para entender o ROI dessas estratégias.

- Feedback do usuário: Colete e analise o feedback dos usuários sobre como a personalidade da marca, moldada pelo arquétipo, afeta sua percepção e decisões de compra.

Arquétipos oferecem uma rica oportunidade para diferenciar sua marca no espaço digital. Ao integrar o arquétipo escolhido de forma criativa e estratégica em seu marketing digital, você pode melhorar significativamente o engajamento e a fidelidade do cliente, estabelecendo uma presença online forte e coesa.

No próximo capítulo, "**ARQUÉTIPO E DECISÕES ESTRATÉGICAS**," exploraremos como os arquétipos podem influenciar decisões estratégicas mais amplas em negócios e marketing, garantindo que a marca permaneça relevante e competitiva em um mercado em constante mudança.

ARQUÉTIPO E DECISÕES ESTRATÉGICAS

Integrar o arquétipo da marca nas decisões estratégicas de negócios e marketing não só reforça a coerência da marca, mas também orienta o desenvolvimento de produtos, a inovação, e as estratégias de mercado de uma maneira que ressoa profundamente com o público. Este capítulo discute como os arquétipos podem ser um guia nas decisões estratégicas, garantindo que a marca mantenha uma direção clara e diferenciada.

INTEGRANDO O ARQUÉTIPO NAS ESTRATÉGIAS DE NEGÓCIOS

- **Desenvolvimento de produto:** O arquétipo da marca pode influenciar significativamente as características e funcionalidades dos produtos. Por exemplo, uma marca que adota o arquétipo do Criador pode focar em produtos que permitem a personalização ou expressam criatividade.

- **Posicionamento de mercado:** A escolha de um arquétipo afeta como a marca se posiciona em relação à concorrência. Um arquétipo de Governante, por exemplo, pode levar uma marca a buscar uma posição de liderança e autoridade no seu setor.

- **Inovação:** O arquétipo pode inspirar inovações específicas que estejam alinhadas com a personalidade da marca. Uma marca que utiliza o arquétipo do Explorador pode investir em tecnologias que abram novos horizontes para seus consumidores.

DECISÕES DE MARKETING INFLUENCIADAS PELO ARQUÉTIPO

- **Campanhas publicitárias:** As campanhas devem refletir o arquétipo para fortalecer a identidade da marca. O arquétipo do Cuidador, por exemplo, sugere campanhas que enfatizem serviço, suporte e comunidade.

- **Relacionamento com o cliente:** A forma como a marca se comunica e interage com os clientes deve ser influenciada pelo arquétipo. Uma marca que escolhe o arquétipo do

Amante focará em criar conexões emocionais profundas e experiências personalizadas.

- **Expansão geográfica:** Ao entrar em novos mercados, o arquétipo pode ajudar a determinar as melhores estratégias de entrada e adaptação cultural, garantindo que a marca seja recebida positivamente em diferentes contextos culturais.

USO DO ARQUÉTIPO NA GESTÃO DE CRISE

Em momentos de crise, o arquétipo da marca pode oferecer diretrizes sobre como reagir de maneira que seja consistente com a identidade da marca. Por exemplo, uma marca que adota o arquétipo do Herói pode abordar uma crise com uma atitude proativa e corajosa, focando em superar desafios e proteger seus clientes.

AVALIANDO O IMPACTO DAS DECISÕES ESTRATÉGICAS

Para garantir que as decisões baseadas no arquétipo estejam gerando os resultados desejados, é essencial medir continuamente o impacto dessas decisões:

- **Análise de desempenho:** Monitorar KPIs específicos relacionados a novos produtos, campanhas de marketing e expansões de mercado para avaliar o sucesso.

- **Feedback do cliente:** Coletar e analisar o feedback do cliente pode fornecer insights sobre como as iniciativas baseadas no arquétipo estão sendo percebidas e quais ajustes podem ser necessários.

Os arquétipos são mais do que uma ferramenta de branding; são um elemento estratégico que pode guiar uma ampla variedade de decisões de negócios e marketing. Ao alinhar essas decisões com o arquétipo escolhido, a marca pode assegurar não apenas a consistência e a autenticidade, mas também uma vantagem competitiva no mercado. No próximo capítulo, **"DESENVOLVENDO CAMPANHAS DE MARKETING BASEADAS**

EM ARQUÉTIPO," exploraremos como criar campanhas de marketing detalhadas que utilizem o arquétipo da marca para maximizar o engajamento e a eficácia.

DESENVOLVENDO CAMPANHAS DE MARKETING BASEADAS EM ARQUÉTIPO

Campanhas de marketing bem-sucedidas não apenas promovem produtos ou serviços, mas também fortalecem a identidade da marca e criam uma conexão emocional com o público. Utilizar o arquétipo de sua marca como fundação para suas campanhas pode ajudar a alcançar esses objetivos de forma mais eficaz. Este capítulo explora como planejar e implementar campanhas de marketing que tirem o máximo proveito do arquétipo escolhido, garantindo maior ressonância e impacto.

PLANEJAMENTO DE CAMPANHA BASEADO EM ARQUÉTIPO

- **Definição de objetivos:** Alinhe os objetivos da campanha com as qualidades do arquétipo. Por exemplo, se o arquétipo é o Explorador, a campanha pode visar aumentar a percepção da marca como uma líder em inovação e aventura.

- **Identificação do público-alvo:** Considere como as características do arquétipo ressoam com seu público-alvo. Adapte a mensagem para atender às expectativas e desejos desse público, usando o arquétipo para moldar essa comunicação.

- **Criação de mensagem e conteúdo:** Desenvolva mensagens e conteúdos que exemplifiquem o arquétipo. Por exemplo, uma marca que utiliza o arquétipo do Cuidador deve enfatizar mensagens de suporte, cuidado e comunidade em suas campanhas.

EXECUÇÃO DE CAMPANHA

- **Escolha de canais de comunicação:** Selecionar os canais que melhor se alinham com o arquétipo e o público-alvo. Por exemplo, se o arquétipo é o Bobo da Corte, plataformas como TikTok e Instagram podem ser ideais para campanhas humorísticas e visuais.

- **Implementação de estratégias criativas:** Utilize abordagens criativas que reflitam o arquétipo em ação. Isso pode incluir tudo, desde o estilo visual dos anúncios até o tipo de eventos ou promoções realizadas.

- **Integração multicanal:** Certifique-se de que todas as peças da campanha em diferentes canais estejam coesas e consistentemente reforcem o arquétipo. A coesão aumenta a eficácia da campanha e fortalece a identidade da marca.

MONITORAMENTO E AVALIAÇÃO

- **Rastreamento e análise:** Utilize ferramentas de monitoramento para rastrear o desempenho da campanha em tempo real. Isso inclui análise de engajamento, alcance, conversões e outras métricas relevantes.

- **Feedback do consumidor:** Coletar feedback direto do consumidor para entender como a campanha está sendo percebida e quais aspectos estão mais efetivamente comunicando o arquétipo.

- **Ajustes em tempo real:** Esteja preparado para fazer ajustes durante a campanha, baseando-se nos dados coletados e feedback recebido para maximizar a eficácia.

Desenvolver campanhas de marketing que são fiéis ao arquétipo de sua marca pode transformar como o público percebe e interage com sua marca. Campanhas baseadas em arquétipo não apenas atraem atenção, mas também criam uma experiência memorável que pode aumentar a fidelidade e o engajamento do cliente. As marcas que entendem como aplicar seus arquétipos em campanhas de marketing estão melhor posicionadas para se destacar em mercados competitivos.

No próximo capítulo, "**ARQUÉTIPOS E TENDÊNCIAS DE CONSUMO,**" exploraremos como os arquétipos podem ser utilizados para antecipar e responder às mudanças nas tendências de consumo, permitindo que a marca se mantenha relevante e proativa no mercado dinâmico de hoje.

ARQUÉTIPOS E TENDÊNCIAS DE CONSUMO

Entender e responder às tendências de consumo é crucial para o sucesso a longo prazo de qualquer marca. Os arquétipos, ao refletirem padrões universais de comportamento humano, podem ser ferramentas valiosas para prever e reagir a essas tendências. Este capítulo explora como os arquétipos podem ajudar a identificar mudanças nas preferências dos consumidores e como utilizá-los para adaptar suas estratégias de maneira eficaz.

COMPREENDENDO TENDÊNCIAS ATRAVÉS DE ARQUÉTIPOS

- **Análise de tendências e arquétipos:** Estude como certos arquétipos ganham popularidade em resposta a mudanças culturais, econômicas e sociais. Por exemplo, em tempos de incerteza econômica, o arquétipo do Cuidador pode tornar-se mais relevante, enquanto em períodos de otimismo, o Explorador pode prevalecer.

- **Previsão de comportamento do consumidor:** Utilize o entendimento dos arquétipos para prever como os valores e comportamentos dos consumidores podem mudar. Isso pode ajudar a antecipar demandas futuras e orientar o desenvolvimento de produtos e serviços.

APLICANDO ARQUÉTIPOS ÀS ESTRATÉGIAS DE MARKETING

- **Alinhamento de produto com tendências:** Ajuste os produtos e serviços da sua marca para refletir os arquétipos que estão em ascensão. Por exemplo, se o arquétipo do Herói está ganhando força, considere produtos que empoderem os consumidores a alcançar seus próprios feitos heroicos.

- **Campanhas adaptativas:** Desenvolva campanhas de marketing que dialoguem com as tendências emergentes e ressoem com o arquétipo relevante. Isso pode incluir alterar a mensagem de campanhas existentes ou lançar novas iniciativas que capitalizem sobre as mudanças nas preferências dos consumidores.

RESPOSTA ESTRATÉGICA A MUDANÇAS NO MERCADO

- **Flexibilidade e agilidade:** Mantenha a flexibilidade em sua estratégia de marca para se adaptar rapidamente às mudanças. Empresas que podem pivotar ou ajustar suas abordagens com base na evolução dos arquétipos e tendências de consumo são mais prováveis de manter a relevância e a competitividade.

- **Engajamento contínuo com o consumidor:** Use pesquisas, grupos focais e feedback nas redes sociais para manter um diálogo aberto com os consumidores. Isso não só ajuda a entender melhor suas necessidades e desejos, mas também reforça a conexão emocional com a marca.

MEDINDO O SUCESSO

- **Análise de dados:** Utilize ferramentas analíticas para medir como as adaptações baseadas em arquétipos e tendências de consumo estão performando em termos de vendas, engajamento e reconhecimento da marca.

- **Ajustes baseados em performance:** Esteja preparado para fazer ajustes continuamente, com base em dados concretos e feedback do mercado, para garantir que as estratégias permaneçam eficazes e relevantes.

Arquétipos oferecem uma lente poderosa através da qual as marcas podem interpretar e responder a tendências de consumo em constante mudança. Ao alinhar estratégias de marketing e desenvolvimento de produto com arquétipos relevantes, as marcas podem não apenas antecipar as necessidades do mercado, mas também engajar profundamente com seus consumidores, construindo uma base sólida para crescimento e sucesso contínuos.

No próximo capítulo, "**INTEGRAÇÃO DE ARQUÉTIPOS COM A ESTRATÉGIA DE PRODUTO**," exploraremos como os arquétipos podem ser integrados de maneira efetiva no desenvolvimento de produtos para garantir que eles ressoem com os valores e expectativas do público-alvo.

INTEGRAÇÃO DE ARQUÉTIPOS COM A ESTRATÉGIA DE PRODUTO

A integração de arquétipos na estratégia de produto é uma forma eficaz de assegurar que os produtos ou serviços oferecidos ressoem profundamente com os valores e expectativas do público-alvo. Este capítulo detalha como os arquétipos podem ser utilizados para orientar o desenvolvimento de produtos, desde a concepção até o lançamento, fortalecendo a conexão da marca com seus consumidores.

PLANEJAMENTO BASEADO EM ARQUÉTIPO

- **Definição de metas de produto:** Estabeleça metas claras para cada novo produto ou serviço, baseando-se no arquétipo escolhido. Por exemplo, produtos criados sob o arquétipo do Criador devem incentivar a inovação e a expressão criativa dos usuários.

- **Pesquisa de mercado alinhada:** Realize pesquisas de mercado que considerem como o arquétipo pode influenciar as preferências e necessidades do consumidor. Isso inclui entender as expectativas emocionais e práticas do público em relação aos produtos que se alinham com um determinado arquétipo.

- **Desenvolvimento de produto orientado:** Use o arquétipo para guiar todas as fases do desenvolvimento do produto, desde o design até as funcionalidades e a mensagem de marketing. Isso assegura que o produto final não apenas atenda às necessidades do mercado, mas também amplifique a identidade da marca.

EXECUÇÃO DA ESTRATÉGIA DE PRODUTO

- **Design e embalagem:** Certifique-se de que o design e a embalagem do produto comuniquem claramente o arquétipo. Por exemplo, um produto que representa o arquétipo do Explorador pode apresentar embalagens que sugiram aventura e descoberta, com cores vibrantes e imagens de paisagens distantes.

- **Comunicação de lançamento:** Planeje o lançamento do produto de modo que reforce o arquétipo através de campanhas publicitárias, eventos de lançamento e outras atividades promocionais. A mensagem deve ser consistente em todos os canais.

- **Experiência do cliente:** Ofereça uma experiência do cliente que esteja em harmonia com o arquétipo. Por exemplo, se o arquétipo é o Cuidador, a experiência pós-venda deve enfatizar suporte e atendimento ao cliente, reforçando a promessa de cuidado e atenção.

MONITORAMENTO E AJUSTE

- **Feedback contínuo:** Coletar feedback contínuo dos clientes sobre como eles percebem e interagem com o produto. Isso é crucial para entender se a integração do arquétipo está sendo eficaz.

- **Análise de desempenho:** Monitore o desempenho do produto no mercado em relação às vendas, satisfação do cliente e engajamento. Use esses dados para fazer ajustes necessários na estratégia de produto.

- **Iteração do produto:** Baseado no feedback e na análise de desempenho, faça iterações no produto para melhor alinhar com o arquétipo e as expectativas do mercado. Isso pode incluir mudanças no design, funcionalidades ou na estratégia de marketing.

Integrar arquétipos na estratégia de produto não é apenas sobre criar produtos que vendem, mas sobre desenvolver ofertas que vivem e respiram os valores da marca, criando uma ressonância emocional profunda com o público. Ao alinhar o desenvolvimento de produtos com o arquétipo da marca, as empresas podem garantir que cada produto não apenas atenda às necessidades do mercado, mas também fortaleça a identidade e a história da marca.

No próximo capítulo, **"FEEDBACK DO CLIENTE E ARQUÉTIPOS,"** exploraremos como utilizar o feedback do cliente para refinar e adaptar a expressão do arquétipo de sua marca, garantindo que a marca continue relevante e ressonante com seus consumidores.

FEEDBACK DO CLIENTE E ARQUÉTIPOS

A integração do feedback do cliente é essencial para manter a relevância e a ressonância da marca, especialmente quando se trata de alinhar e refinar a expressão do arquétipo de sua marca. Este capítulo discute como coletar, analisar e aplicar feedback do cliente para aprimorar a representação do arquétipo e garantir que a marca permaneça conectada com seu público-alvo.

COLETANDO FEEDBACK DO CLIENTE

Métodos de coleta de feedback:

- **Pesquisas de satisfação:** Utilize pesquisas online ou presenciais para perguntar diretamente aos clientes como eles percebem o arquétipo da marca e suas manifestações nos produtos ou serviços.

- **Grupos de foco:** Realize sessões de grupo foco para obter insights mais profundos sobre as percepções, interpretações e emoções dos clientes em relação ao arquétipo da marca.

- **Monitoramento de redes sociais:** Analise comentários e discussões sobre a marca nas redes sociais para captar a opinião pública e identificar possíveis áreas de melhoria.

Integrando feedback em eventos e experiências:

- Realize eventos de engajamento onde os clientes possam experimentar o arquétipo da marca em ação e fornecer feedback em tempo real.

ANALISANDO O FEEDBACK

Identificação de padrões e tendências:

- Use ferramentas analíticas para processar o feedback coletado e identificar padrões ou tendências que indiquem como o arquétipo está sendo recebido.

Avaliação da coerência do arquétipo:

- Determine se o arquétipo está sendo percebido como pretendido e se a manifestação do arquétipo está alinhada com a identidade e os valores da marca.

Ajustes baseados em feedback:

- Se o feedback indicar uma desconexão entre a percepção do cliente e a intenção da marca, considere ajustes na comunicação, no marketing ou mesmo na oferta de produtos.

IMPLEMENTANDO MUDANÇAS BASEADAS EM FEEDBACK

Modificações no produto ou serviço:

- Ajuste os produtos ou serviços para melhor refletir o arquétipo, baseando-se em feedback específico sobre funcionalidades, design ou experiência do usuário.

Aprimoramento de campanhas de marketing:

- Refine as campanhas de marketing para reforçar os aspectos do arquétipo que ressoam positivamente com o público ou revisar mensagens que estão causando confusão ou recepção negativa.

Comunicação transparente:

- Comunique-se abertamente com os clientes sobre como o feedback deles está sendo usado para melhorar a marca, reforçando a imagem da marca como atenta e responsiva às necessidades e percepções do cliente.

O feedback do cliente é uma ferramenta poderosa para afinar a expressão do arquétipo da sua marca. Ao engajar-se ativamente com o público e responder às suas percepções e necessidades, você pode garantir que o arquétipo da marca continue a evoluir de maneira que fortaleça a conexão com os consumidores e apoie o crescimento sustentável da marca.

No próximo capítulo, **"FORMAÇÃO DE EQUIPE E ARQUÉTIPOS,"** exploraremos como usar arquétipos para formar e desenvolver equipes que não apenas entendam profundamente a visão da marca, mas que também sejam capazes de representá-la e fortalecê-la em todas as suas interações e decisões.

FORMAÇÃO DE EQUIPE E ARQUÉTIPOS

O alinhamento entre os arquétipos de marca e as equipes internas é fundamental para garantir que todos dentro da organização entendam, representem e fortaleçam a visão da marca em suas interações diárias e decisões estratégicas. Este capítulo explora como os arquétipos podem ser utilizados para formar e desenvolver equipes que promovam a cultura e os objetivos da marca de maneira eficaz e coesa.

ENTENDENDO A INFLUÊNCIA DOS ARQUÉTIPOS NA FORMAÇÃO DE EQUIPE

Seleção de talentos alinhados com o arquétipo:

- Ao recrutar novos membros para a equipe, considere como as características individuais dos candidatos se alinham com o arquétipo da marca. Por exemplo, para uma marca que adota o arquétipo do Cuidador, candidatos com forte empatia e habilidades interpessoais podem ser particularmente adequados.

Desenvolvimento de cultura de equipe baseada em arquétipos:

- Cultive uma cultura de equipe que reflita o arquétipo da marca. Isso pode incluir práticas de trabalho, rituais de equipe e atividades que reforçam os valores do arquétipo, como sessões de brainstorming colaborativo para um arquétipo do Criador, ou atividades de construção de equipe ao ar livre para o Explorador.

IMPLEMENTAÇÃO DE TREINAMENTOS BASEADOS EM ARQUÉTIPOS

Treinamentos personalizados:

- Desenvolva programas de treinamento que ajudem os membros da equipe a entender profundamente o arquétipo da marca e como ele deve influenciar seu trabalho. Isso pode incluir workshops, simulações e sessões de imersão.

Avaliação de desempenho alinhada com arquétipos:

- Incorpore avaliações de desempenho que considerem como os indivíduos contribuem para a expressão do arquétipo da marca em suas funções. Isso ajuda a manter todos focados e alinhados com os objetivos da marca.

FORTALECENDO A LIDERANÇA COM ARQUÉTIPOS

Líderes como embaixadores do arquétipo:

- Assegure que os líderes de equipe e gestores exemplifiquem o arquétipo da marca em suas ações e decisões. Eles devem ser vistos como modelos do arquétipo, inspirando suas equipes a adotar e promover esses valores em seu trabalho.

Decisões estratégicas inspiradas por arquétipos:

- Utilize o arquétipo da marca para guiar decisões estratégicas, desde o desenvolvimento de produtos até estratégias de marketing e operações. Líderes que compreendem e aplicam o arquétipo podem garantir que a marca permaneça coerente e relevante.

MEDINDO O IMPACTO DOS ARQUÉTIPOS NA PERFORMANCE DA EQUIPE

Feedback contínuo:

- Estabeleça um sistema de feedback contínuo onde os membros da equipe possam expressar como o arquétipo influencia seu trabalho e sugerir melhorias.

Análise de impacto:

- Realize análises regulares para medir como a

integração do arquétipo na formação da equipe afeta a performance, a satisfação no trabalho e a eficácia geral da equipe.

Utilizar arquétipos para formar e desenvolver equipes não apenas fortalece a cultura interna, mas também assegura que a marca seja representada de maneira consistente e poderosa em todas as facetas da organização. Ao investir na alinhamento dos arquétipos com as equipes, as empresas podem maximizar a coerência da marca, a motivação dos empregados e o sucesso no mercado.

No próximo capítulo, **"ARQUÉTIPOS EM PUBLICIDADE,"** exploraremos como os arquétipos podem ser efetivamente utilizados nas campanhas publicitárias para criar mensagens que capturam a essência da marca e engajam o público de maneira significativa.

ARQUÉTIPOS EM PUBLICIDADE

A publicidade é um campo vital para a expressão da marca, e o uso de arquétipos pode profundamente influenciar como as mensagens publicitárias são recebidas pelo público. Este capítulo aborda como os arquétipos podem ser utilizados de maneira eficaz nas campanhas publicitárias para capturar a essência da marca, reforçar a identidade e engajar os consumidores de maneira significativa.

INTEGRANDO ARQUÉTIPOS NA ESTRATÉGIA PUBLICITÁRIA

Definição de mensagens chave:

- Cada arquétipo possui atributos únicos que podem ser destacados em mensagens publicitárias. Por exemplo, um arquétipo do Herói pode se concentrar em superação e coragem, enquanto o Sábio pode focar em conhecimento e confiança.

Seleção de mídias adequadas:

- Escolha canais que melhor amplifiquem o arquétipo. Por exemplo, mídias sociais podem ser perfeitas para o Bobo da Corte, através de campanhas divertidas e virais, enquanto o Cuidador pode se beneficiar de formatos mais envolventes e pessoais, como vídeos ou podcasts que destacam histórias reais de clientes.

Criação de conteúdo visual e textual:

- Desenvolva conteúdos que reflitam visual e textualmente o arquétipo. Isso inclui a escolha de cores, imagens, linguagem corporal em anúncios visuais e o tom de voz nos textos.

EXEMPLOS DE CAMPANHAS EFICAZES BASEADAS EM ARQUÉTIPOS

Campanhas do Explorador:

- Uma marca que adota o arquétipo do Explorador

poderia criar uma campanha centrada em aventura e descoberta, talvez promovendo produtos de viagem ou experiências ao ar livre.

Publicidade do Amante:

- Para uma marca que se identifica com o arquétipo do Amante, a publicidade poderia enfocar a paixão e o envolvimento emocional, utilizando imagens ricas e sedutoras e mensagens que falam diretamente aos desejos emocionais dos consumidores.

MEDINDO A EFICÁCIA DAS CAMPANHAS PUBLICITÁRIAS

Análise de engajamento e conversão:

- Monitore métricas como visualizações, tempo de permanência, taxas de clique e conversão para avaliar o impacto direto das campanhas baseadas em arquétipos.

Pesquisas de percepção de marca:

- Realize pesquisas para entender como as campanhas afetam a percepção da marca. Isto é particularmente útil para verificar se os atributos do arquétipo estão sendo comunicados efetivamente.

Feedback do cliente:

- Colete feedback diretamente dos consumidores para obter insights sobre como a publicidade é percebida e quais aspectos ressoam mais com eles.

O uso de arquétipos em publicidade não apenas ajuda a fortalecer a identidade da marca, mas também cria uma conexão mais profunda e emocional com o público. Quando bem executadas, as campanhas publicitárias que utilizam arquétipos não só capturam a atenção, mas também fidelizam os consumidores ao reforçar consistentemente os valores centrais da marca.

No próximo capítulo, **"WORKSHOPS E TREINAMENTOS SOBRE ARQUÉTIPOS**," exploraremos como organizar e realizar workshops eficazes para educar e envolver equipes internas e parceiros sobre a importância e a aplicação de arquétipos na prática diária da marca.

WORKSHOPS E TREINAMENTOS SOBRE ARQUÉTIPOS

Para que uma estratégia de arquétipos seja efetivamente implementada e mantida ao longo do tempo, é crucial que todas as equipes dentro da organização compreendam e saibam como aplicar esses conceitos no dia a dia da marca. Workshops e treinamentos são ferramentas essenciais para disseminar esse conhecimento e engajar equipes. Este capítulo explora como organizar e conduzir workshops eficazes sobre arquétipos, garantindo que os participantes não só entendam o arquétipo escolhido, mas também como ele deve influenciar seu trabalho.

PLANEJAMENTO DE WORKSHOPS SOBRE ARQUÉTIPOS

Definição de objetivos:

- Clarifique o que você espera alcançar com o workshop. Os objetivos podem incluir aumentar o entendimento dos arquétipos, explorar como eles se aplicam a diferentes áreas da marca, ou desenvolver ideias para alinhar melhor as ações da equipe com o arquétipo da marca.

Seleção de público:

- Determine quem deve participar. Isso pode variar desde a alta liderança, que necessita entender como os arquétipos influenciam decisões estratégicas, até equipes de marketing, produto e vendas, que precisam aplicar o conceito no desenvolvimento e promoção de produtos.

Desenvolvimento de conteúdo:

- Crie materiais que sejam informativos e interativos. Apresentações devem incluir uma explicação sobre o que são arquétipos, o arquétipo específico da marca, e exemplos práticos de como este pode ser aplicado.

EXECUÇÃO DE WORKSHOPS

Introdução aos arquétipos:

- Comece com uma introdução básica sobre o que são arquétipos e por que são importantes para a marca. Isso é crucial para garantir que todos os participantes tenham uma base de conhecimento comum.

Discussão de casos práticos:

- Apresente estudos de caso dentro e fora da empresa, mostrando como os arquétipos foram implementados com sucesso. Isso ajuda a ilustrar a aplicabilidade dos conceitos de maneira concreta.

Atividades interativas:

- Inclua exercícios interativos, como a criação de campanhas publicitárias ou desenvolvimento de ideias de produtos que reflitam o arquétipo. Isso não só reforça o aprendizado, como também estimula a criatividade e o engajamento dos participantes.

Feedback e discussão:

- Encoraje o feedback e a discussão durante o workshop. Isso pode fornecer insights valiosos sobre como a equipe percebe o arquétipo e suas sugestões para melhor integrá-lo no trabalho diário.

AVALIAÇÃO E FOLLOW-UP

Avaliação do workshop:

- Ao final do workshop, colete feedback dos participantes para avaliar a eficácia do treinamento e identificar áreas que podem necessitar de mais desenvolvimento ou esclarecimento.

Plano de ação:

- Desenvolva um plano de ação baseado nas ideias e feedback recebido durante o workshop. Isso pode incluir passos específicos que as equipes precisam tomar para alinhar melhor seu trabalho com o arquétipo da marca.

Sessões de reciclagem:

- Planeje sessões de reciclagem regulares para revisitar os conceitos de arquétipos e discutir novas ideias e abordagens. A evolução contínua do entendimento e aplicação dos arquétipos é fundamental para manter a estratégia dinâmica e relevante.

Workshops e treinamentos sobre arquétipos são essenciais para capacitar as equipes a entender e implementar efetivamente a estratégia de arquétipos da marca em suas respectivas funções. Com o planejamento e execução cuidadosos, esses treinamentos podem transformar o modo como as equipes internas percebem e contribuem para a narrativa da marca, fortalecendo a cultura corporativa e a coesão interna.

No próximo capítulo, "**IMPLEMENTANDO UMA ESTRATÉGIA DE ARQUÉTIPO VENCEDORA**," resumiremos as melhores práticas e delinearemos os passos finais para garantir que a implementação dos arquétipos de marca seja bem-sucedida e traga resultados duradouros.

IMPLEMENTANDO UMA ESTRATÉGIA DE ARQUÉTIPO VENCEDORA

Após explorar em profundidade os diversos aspectos de como os arquétipos de marca podem influenciar e melhorar diferentes áreas de negócios e comunicação, este capítulo final reúne todas as lições aprendidas e esboça um plano de ação para implementar uma estratégia de arquétipo vencedora. Aqui, resumiremos as melhores práticas e delinearemos os passos essenciais para garantir que sua estratégia de arquétipos seja bem-sucedida e gere resultados duradouros.

RECAPITULANDO OS PONTOS CHAVE

Escolha do arquétipo correto:

- Selecione um arquétipo que ressoe autenticamente com a missão, visão e valores da sua marca. A escolha correta é fundamental para garantir uma conexão genuína com o público.

Integração em todos os aspectos da marca:

- Incorpore o arquétipo em todas as áreas da marca, desde o desenvolvimento de produto até marketing, comunicação interna e experiência do cliente.

Educação e engajamento da equipe:

- Assegure que todas as equipes dentro da organização entendam o arquétipo e como ele deve influenciar suas responsabilidades diárias.

Monitoramento e adaptação contínua:

- Implemente um sistema de feedback contínuo para monitorar como o arquétipo está sendo percebido pelo público e pelas equipes internas. Esteja pronto para fazer ajustes conforme necessário para manter a estratégia relevante e eficaz.

PLANO DE AÇÃO PARA IMPLEMENTAÇÃO

Lançamento interno:

- Inicie com um lançamento interno do arquétipo para toda a empresa, usando workshops e materiais de treinamento para assegurar uma compreensão uniforme em toda a organização.

Campanhas de marketing alinhadas:

- Desenvolva e lance campanhas de marketing que claramente comuniquem o arquétipo ao público. Use histórias, visuais e mensagens que reforcem consistentemente o arquétipo escolhido.

Avaliação de desempenho baseada em arquétipo:

- Estabeleça indicadores de desempenho chave (KPIs) que ajudem a medir o impacto do arquétipo nas vendas, engajamento do cliente e percepção da marca.

Revisões regulares:

- Agende revisões regulares da estratégia de arquétipos para avaliar sua eficácia e fazer ajustes estratégicos. Considere o ambiente de mercado atual, feedback do cliente e inovações internas.

Implementar uma estratégia de arquétipos de marca bem-sucedida exige mais do que apenas escolher um arquétipo e aplicá-lo superficialmente. Requer uma integração profunda e cuidadosa em todos os aspectos da marca, uma comunicação eficaz, e o comprometimento contínuo de todas as equipes envolvidas. Com planejamento cuidadoso, execução diligente e monitoramento contínuo, a estratégia de arquétipos pode não apenas diferenciar sua marca no mercado, mas também criar uma conexão duradoura e significativa com seu público.

Ao seguir os passos delineados neste livro, sua marca estará equipada para implementar uma estratégia de arquétipo que não apenas comunica quem você é de forma autêntica, mas também encanta, envolve e inspira seu público alvo de maneira contínua.

CHECKLIST PARA AVALIAÇÃO DE ARQUÉTIPOS EM NEGÓCIOS EXISTENTES

Este capítulo bônus fornece um checklist detalhado para empresas que já têm uma estratégia de arquétipo em vigor. O objetivo é garantir que o arquétipo esteja sendo aplicado efetivamente e identificar áreas onde melhorias podem ser feitas para fortalecer a conexão da marca com seus clientes. Este checklist serve como uma ferramenta de diagnóstico e otimização para garantir a coerência e eficácia da estratégia de arquétipos de sua marca.

ALINHAMENTO COM A MISSÃO E VISÃO DA EMPRESA:

- O arquétipo escolhido ainda reflete a missão e visão da empresa?

- Existe congruência entre os valores da marca e as características do arquétipo?

CONSISTÊNCIA NA COMUNICAÇÃO DA MARCA:

- O arquétipo está claramente refletido em todas as comunicações da marca, incluindo marketing, publicidade, mídia social e comunicações internas?

- As campanhas recentes mantêm a consistência com o arquétipo?

PERCEPÇÃO E RECEPÇÃO DO CLIENTE:

- Como os clientes percebem o arquétipo da marca? Eles identificam e reagem positivamente a ele?

- Existem pesquisas de mercado ou feedback de clientes que indiquem a eficácia do arquétipo em estabelecer uma conexão emocional?

INTEGRAÇÃO INTERNA E COMPROMETIMENTO DA EQUIPE:

- As equipes internas compreendem e estão comprometidas com o arquétipo?

- Os funcionários conseguem identificar como suas funções contribuem para a expressão do arquétipo da marca?

IMPACTO NOS RESULTADOS DE NEGÓCIOS:

- O uso do arquétipo impactou positivamente os resultados de negócios, como vendas, retenção de clientes ou reconhecimento da marca?

- Existem métricas ou indicadores de desempenho que demonstrem o sucesso da estratégia de arquétipos?

FEEDBACK E ADAPTAÇÃO:

- A marca tem mecanismos para coletar e analisar feedback contínuo sobre como o arquétipo é recebido?

- Existem processos estabelecidos para adaptar e refinar o arquétipo com base em mudanças no mercado ou nas preferências dos consumidores?

TREINAMENTO E DESENVOLVIMENTO:

- A empresa oferece treinamento regular para assegurar que todos os membros da equipe entendam e possam aplicar o arquétipo em seu trabalho?

- Os novos funcionários recebem orientação sobre a importância do arquétipo na cultura e na estratégia da empresa?

UTILIZANDO O CHECKLIST

Este checklist deve ser revisado periodicamente para garantir que a implementação do arquétipo continua relevante e eficaz. Ele pode ser usado em reuniões de equipe, revisões estratégicas ou durante sessões de planejamento para avaliar e direcionar a estratégia de marca. Ajustes baseados nas respostas a essas perguntas podem ajudar a alinhar ainda mais a marca com seu arquétipo escolhido, fortalecendo a identidade da marca e aprofundando a conexão com o público.

Este recurso é projetado para ajudar os líderes de negócios a manterem suas marcas dinâmicas, relevantes e profundamente conectadas com seus clientes através do poder dos arquétipos.

PLANO DE AÇÃO DE 60 DIAS PARA IMPLEMENTAÇÃO DE ARQUÉTIPOS EM NOVOS NEGÓCIOS

Para novos negócios, estabelecer um forte alicerce de marca desde o início é crucial. Este capítulo bônus oferece um plano de ação detalhado para implementar arquétipos de marca em um novo negócio ao longo de 60 dias, garantindo uma estratégia de marca coerente e impactante desde o lançamento.

DIAS 1-10: ESCOLHA E DEFINIÇÃO DO ARQUÉTIPO

- **Pesquisa de arquétipo:** Identifique qual arquétipo melhor se alinha com a visão e os valores fundamentais do negócio. Considere fatores como a missão da empresa, o mercado-alvo e o diferencial competitivo.

- **Definição de estratégia de arquétipo:** Elabore uma descrição detalhada de como o arquétipo influenciará todos os aspectos da marca, incluindo tom de voz, personalidade e valores centrais.

DIAS 11-20: DESENVOLVIMENTO DE IDENTIDADE DE MARCA

- **Criação de identidade visual:** Desenvolva elementos visuais da marca como logotipo, paleta de cores e tipografia que reflitam o arquétipo escolhido.

- **Material de marca:** Prepare todos os materiais de marca necessários, como cartões de visita, papel timbrado e embalagens, que comuniquem consistentemente o arquétipo.

DIAS 21-30: DESENVOLVIMENTO DE WEBSITE E PRESENÇA ONLINE

- **Construção do website:** Desenvolva um site que incorpore visual o conteúdo e o arquétipo da marca.

- **Presença nas redes sociais:** Estabeleça perfis em redes sociais relevantes e prepare um plano de conteúdo que reflita o arquétipo da marca.

DIAS 31-40: PLANEJAMENTO DE MARKETING E

COMUNICAÇÃO

- **Estratégia de marketing:** Elabore uma estratégia de marketing que use o arquétipo para definir a abordagem de comunicação, incluindo publicidade, promoções e parcerias.

- **Plano de lançamento:** Planeje um evento de lançamento ou campanha que introduza a marca e seu arquétipo ao mercado de forma impactante.

DIAS 41-50: TREINAMENTO DA EQUIPE

- **Workshops de arquétipo:** Realize workshops para treinar sua equipe sobre o arquétipo da marca, garantindo que todos entendam como ele deve ser comunicado e vivenciado em suas funções.

- **Integração do arquétipo:** Garanta que todas as operações internas, desde o atendimento ao cliente até a gestão de produto, estejam alinhadas com o arquétipo.

DIAS 51-60: LANÇAMENTO E MONITORAMENTO

- **Lançamento da marca:** Execute o evento de lançamento ou inicie a campanha de introdução ao mercado.

- **Monitoramento e ajustes:** Comece a monitorar o desempenho da marca em termos de engajamento do público, feedback e vendas. Ajuste suas estratégias conforme necessário para garantir que o arquétipo esteja sendo efetivamente comunicado e recebido.

Este plano de ação de 60 dias oferece um roteiro detalhado para novos negócios implementarem um arquétipo de marca de forma eficaz, assegurando que todas as facetas do negócio estejam alinhadas desde o início. Seguir este plano não só ajudará a construir uma marca coerente e atraente, mas também facilitará uma conexão mais profunda e significativa com o público-alvo, estabelecendo uma base sólida para o crescimento futuro.

Ao virarmos a última página desta jornada juntos, espero sinceramente que os aprendizados compartilhados aqui tenham tocado seu coração e despertado novas perspectivas. Se este livro lhe trouxe algum valor, peço gentilmente que dedique alguns momentos para deixar sua avaliação na Amazon. Suas palavras não apenas me ajudam a crescer e aprimorar minha arte, mas também guiam outros leitores em suas buscas por conhecimento e inspiração. Sua opinião é um presente valioso, tanto para mim quanto para a comunidade de leitores em busca de histórias que transformam. Agradeço de coração por compartilhar esta jornada comigo e espero que possamos nos encontrar novamente nas páginas de uma nova aventura.

REGINALDO OSNILDO

Olá, sou Reginaldo Osnildo, autor e inovador nas áreas de vendas, tecnologia, e estratégias de comunicação. Minha experiência abrange desde o ambiente acadêmico, como professor e pesquisador na Universidade do Sul de Santa Catarina, até a prática como estrategista no Grupo Catarinense de Rádios. Com um doutorado em narrativas de vendas e convergência digital, e um mestrado em storytelling e imaginário social, eu trago para meus leitores uma fusão única entre teoria e prática. Meu objetivo é fornecer conhecimento em uma linguagem simples, prática e didática, incentivando a aplicação direta na vida pessoal e profissional.

Atenciosamente

Prof. Dr. Reginaldo Osnildo

+55 48 991913865

reginaldoosnildo@gmail.com